GfK
bea
全球领先
基础件公司
Eank

... für Kinder erzählt

In dieser Reihe sind bisher erschienen:

Natur & Tiere

Die Erde von oben
Das Meer
Vulkane
Die Zukunft unserer Erde
Die Tiere Afrikas
Die Welt der Vögel
Pferde
Wilde Tiere
Die Sahara
Die Arktis
Deutschland von oben
Die Antarktis
Katzen

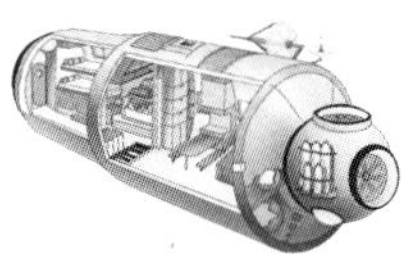

Kultur & Technik

Leuchttürme
Die Raumfahrt
Schiffe
Die Wunder der Welt
Die Landwirtschaft in aller Welt
Die Fischerei in aller Welt
Die großen Städte der Welt

In fernen Ländern

Kinder in fernen Ländern
Kinder der Welt
Feste in fernen Ländern
Wohnen in fernen Ländern

Die großen
Städte der Welt
für Kinder erzählt

PHILIPPE GODARD

Die großen Städte der Welt für Kinder erzählt

Illustrationen von
Julien Dugué

Aus dem Französischen von
Cäcilie Plieninger

KNESEBECK

Inhaltsverzeichnis

Megastädte, Stadtstaaten und Ballungsgebiete

Von Tokio bis Brasília präsentiert dieses Buch 31 Städte rund um den Erdball. Alle sind riesengroß und breiten sich immer weiter aus. Die meisten haben eine moderne Innenstadt, und trotzdem sind in vielen Städten die alten Traditionen noch wach. Manche Städte sind reich, in anderen herrscht bittere Armut. Jede Großstadt für sich aber ist einzigartig und faszinierend.

Schon seit jeher fühlen sich die Menschen zu Großstädten hingezogen. Dort gibt es die größten Unternehmen und die meisten Arbeitsplätze, die modernsten technischen Errungenschaften, die schicksten Restaurants, die elegantesten Geschäfte. In der Hauptstadt sind die Regierung mit ihren Ministerien, die Börse und die Botschaften anderer Länder angesiedelt, und meist lassen sich dort auch die größten Firmen des Landes nieder. Eine Hauptstadt verkörpert politische, wirtschaftliche und finanzielle Macht.

Aber es gibt auch eine Kehrseite der Medaille: In Großstädten ist die Umweltverschmutzung schlimmer als im ländlichen Raum. Der Verkehr ist laut und mörderisch. Tausende von Menschen arbeiten im Stadtzentrum, wohnen aber außerhalb der Stadt. Sie müssen daher täglich pendeln. In vielen Städten funktionieren die Abfallbeseitigung und Abwasserreinigung nicht richtig. Damit das Leben in den Ballungsräumen für die Menschen erträglich wird, müssen neue Lösungen gefunden werden. Aber je besser die Städte ihre Umweltprobleme in den Griff bekommen, desto mehr Landbewohner locken sie an. So entstehen Megastädte, riesenhafte Ballungsgebiete mit mehr als zehn Millionen Einwohnern. Im Jahr 1950 hatte nur eine Stadt mehr als zehn Millionen Einwohner, nämlich New York im reichen Amerika. Mexico City, das heute 19 Millionen Einwohner zählt, hatte damals nicht einmal vier Millionen. Mittlerweile gibt es fast 20 solcher Megastädte, und die meisten liegen in den armen Ländern der Südhalbkugel.

Die Verstädterung der Welt schreitet rasch voran. Seit dem Jahr 2007 gibt es auf der Welt mehr Stadt- als Landbewohner. In den nächsten Jahrzehnten wird sich die Anzahl der Städter noch vergrößern. Die Vereinten Nationen sagen voraus, dass im Jahr 2020 über vier Milliarden Menschen in den Städten wohnen werden. Auf dem Land sind es dann eine Milliarde Menschen weniger.

Dieses Buch führt durch die größten Städte der Welt. Die ersten 22 Städte sind nach ihrer Einwohnerzahl geordnet. Mit Lima beginnen dann die wichtigsten Ballungsgebiete der Erde, und mit Singapur ist auch ein Stadtstaat dabei, also ein Land, das nur aus einer Großstadt besteht. Die letzte Stadt in diesem Band, Brasília, steht zwar auf der Rangliste eigentlich weiter unten, ist aber von ihrer Entstehung und Planung her so ungewöhnlich, dass auch sie Eingang in das Buch fand.

Und jetzt: Stürzen wir uns hinein in die bunte und laute Welt der Megastädte, lassen wir uns treiben vom Wirrwarr des Großstadtdschungels!

Die größten Städte der Welt

In diesem Buch lernt ihr 31 Großstädte der Welt kennen. Wir haben sie nach abnehmender Einwohnerzahl geordnet. Die Zahlen stammen aus der Bevölkerungsstatistik der Vereinten Nationen, Stand 2007.

Tokio:	26,4 Millionen Einwohner
New York:	21,19 Millionen Einwohner
Mexico City:	19,02 Millionen Einwohner
Mumbai:	18,97 Millionen Einwohner
São Paulo:	18,84 Millionen Einwohner
Los Angeles:	16,37 Millionen Einwohner
Delhi:	15,92 Millionen Einwohner
Schanghai:	14,98 Millionen Einwohner
Kolkata:	14,78 Millionen Einwohner
Dhaka:	13,48 Millionen Einwohner
Buenos Aires:	12,79 Millionen Einwohner
Kairo:	11,89 Millionen Einwohner
Rio de Janeiro:	11,74 Millionen Einwohner
Peking:	11,10 Millionen Einwohner
Manila:	11,10 Millionen Einwohner
Moskau:	10,45 Millionen Einwohner
Istanbul:	10,06 Millionen Einwohner
Paris:	9,90 Millionen Einwohner
Seoul:	9,79 Millionen Einwohner
Lagos:	9,46 Millionen Einwohner
Jakarta:	9,12 Millionen Einwohner
London:	8,56 Millionen Einwohner
Lima:	8,01 Millionen Einwohner
Kinshasa:	7,84 Millionen Einwohner
Hongkong:	7,20 Millionen Einwohner
Madrid:	5,56 Millionen Einwohner
Singapur:	3,89 Millionen Einwohner
Montreal:	3,63 Millionen Einwohner
Berlin:	3,40 Millionen Einwohner
Rom:	3,33 Millionen Einwohner
Brasília:	2,45 Millionen Einwohner

Moskau
Russland
London
Großbritannien
Berlin
Deutschland
Paris
Frankreich
Madrid
Spanien
Rom
Italien
Istanbul
Türkei
Kairo
Ägypten
Peking
China
Seoul
Südkorea
Tokio
Japan
Schanghai
China
Delhi
Indien
Dhaka
Bangladesch
Hongkong
China
Kolkata
Indien
Mumbai
Indien
Manila
Philippinen
Lagos
Nigeria
Kinshasa
Demokratische Republik
Kongo
Singapur
Jakarta
Indonesien
asília
Brasilien
io de Janeiro
Brasilien
Paulo
rasilien

Tokio – Die größte Stadt der Welt

26 Millionen Einwohner
Hauptstadt Japans (Asien), gegründet 1457

Moderne Stadtlandschaft in der größten Megastadt der Welt (links) und mittendrin die alte japanische Tradition der Sumo-Ringer.

Tokio ist die größte und bevölkerungsreichste Stadt der Welt. Die Megastadt ist mit dem Handelshafen Yokohama und mit zwei weiteren Trabantenstädten zusammengewachsen. Obwohl Tokio an der Küste liegt, in einem Gebiet, in dem es häufig zu Erdbeben kommt, wächst die japanische Hauptstadt immer weiter. Damit sich die Stadt trotz der natürlichen Grenzen weiter ausdehnen kann, haben die Behörden einen Teil der Bucht mit mehreren Tausend Tonnen Abfall auffüllen lassen. Tokio steht fast zur Hälfte auf diesem künstlich angelegten Gelände.

Obwohl die Erde rund um Tokio so oft bebt, bauen die japanischen Architekten unablässig neue Wolkenkratzer, die aber den starken Erschütterungen standhalten müssen. Hochhäuser sind bei der Raumnot die einzige Lösung, denn so verbrauchen die Büros der großen japanischen Unternehmen am wenigsten Fläche.

Überall in Tokio herrscht drangvolle Enge, auch in der U-Bahn. Dort haben die Verkehrsbetriebe eigens »Schieber« angestellt: Sie schieben die Passagiere in bereits überfüllte Waggons hinein, damit sich die Türen schließen können. Statt mit dem eigenen Auto zur Arbeit zu fahren und in den kilometerlangen Staus stecken zu bleiben, nehmen die meisten Japaner trotzdem lieber öffentliche Verkehrsmittel. Vier von fünf Tokiotern fahren mit der U-Bahn oder mit dem Bus zur Arbeit.

Professionelle »Schieber« drücken die Passagiere in die Waggons.

New York – Der amerikanische Traum

21 Millionen Einwohner
Stadt in den USA (Nordamerika), gegründet 1625

In Manhattan, im Herzen von New York, wimmelt es auf den Straßen zwischen den Wolkenkratzern von den berühmten gelben Taxis.

»Amerika! Amerika!«, jubelten die Einwanderer, wenn die Freiheitsstatue vor ihnen auftauchte und ihr Schiff in den Hafen von New York einlief. Iren, Italiener, Deutsche, Franzosen und viele mehr flohen vor der Armut in ihrer europäischen Heimat und wollten in Amerika ihr Glück machen. Ihnen ist es zu verdanken, dass sich die Stadt so rasch entwickelte. Der New Yorker Ballungsraum war nach 1940 der erste auf der ganzen Welt, der über zehn Millionen Einwohner hatte. Seit dem Zweiten Weltkrieg kommen die Neubürger nur noch selten mit dem Schiff: Die meisten nehmen das Flugzeug.

New York ist bis heute die wohl vielfältigste Stadt der Erde. Man spricht dort alle Sprachen der Welt, und es gibt mittlerweile koreanische, philippinische, indische, pakistanische, chinesische, japanische und natürlich italienische Stadtviertel.

Die fünf großen Stadtbezirke von New York sind Manhattan, die Bronx, Queens, Brooklyn und Staten Island. In Manhattan liegt die Wall Street mit der Börse, die Prachtstraße Fifth Avenue, aber auch das von Schwarzen bewohnte Viertel Harlem. Die Wolkenkratzer von Manhattan, die lange Zeit die höchsten der Welt waren, verkörpern den wirtschaftlichen Erfolg New Yorks und den amerikanischen Traum, nach dem es jeder zu etwas bringen kann, egal, woher er kommt. Dazu passt allerdings gar nicht, dass die New Yorker aus durchschnittlich jedem fünften Haushalt, vor allem in Brooklyn und in der Bronx, unterhalb der Armutsgrenze leben.

Im 19. Jahrhundert trafen die Einwanderer mit dem Schiff in New York ein.

Mexico City – Musik und saurer Regen

19 Millionen Einwohner
Hauptstadt von Mexiko (Mittelamerika), 1325 von den Azteken unter dem Namen Tenochtitlán gegründet

Von oben sieht Mexico City mit den vielen Kirchen richtig friedlich aus. Doch in der glühenden Hitze herrscht rund um die Uhr hektischer Betrieb.

Fährt man mit dem Zug nach Mexico City, schlängelt sich die Bahn über eine Stunde lang durch ein wirres Durcheinander von Wohnhäusern und Hütten. Weil die Bevölkerung so stark wuchs, sagten die Fachleute vor 40 Jahren voraus, dass im Jahr 2000 beachtliche 35 Millionen Menschen in Mexico City leben würden. Tatsächlich sind es »nur« 19 Millionen.

Auch flächenmäßig gehört Mexico City zu den größten Städten der Erde: 60 Kilometer misst sie von Norden nach Süden, 45 Kilometer von Osten nach Westen. Die mexikanische Hauptstadt liegt auf einer Hochebene, umgeben von Vulkanen. Das Stadtzentrum bietet ein völlig anderes Bild als die oft ärmlichen Vororte. Die Altstadt mit den historischen Gebäuden und Plätzen ist wunderschön. Doch auf den breiten Straßen sind veraltete Fahrzeuge unterwegs, die die Luft verpesten und einen Höllenlärm machen. In Mexico City ist Benzin billiger als Trinkwasser, kein Wunder also, dass die Leute lieber mit dem Auto fahren als mit der U-Bahn. Die Folgen für die Umwelt sind schlimm: In Mexico City fällt – nach São Paulo in Brasilien – der sauerste Regen der Welt.

Mitten im Verkehrslärm hört man in der Altstadt noch die traditionelle Musik der Mariachi. Eine Mariachi-Gruppe besteht aus etwa zehn Musikern, die in schwarze Tracht gekleidet sind und auf dem Kopf einen großen Sombrero tragen. Sie spielen mit Gitarren, Geigen und Trompeten Tanzmusik und Liebeslieder.

Die Mariachi besingen die ewige Liebe.

Mumbai – Wachstum ohne Ende

Bis 1996 Bombay. Fast 19 Millionen Einwohner
Stadt in Indien (Asien), gegründet im 13. Jahrhundert

Mumbai war lange ein wichtiger Seehafen. Dem Überseehandel verdankte die Stadt an der Ostküste Indiens auch ihren Reichtum.

Portugiesische Seefahrer gaben der Stadt im 16. Jahrhundert den Namen »Bombay«, »Gute Bucht«. Und tatsächlich war Bombay ein idealer Hafen, denn es lag auf sieben benachbarten Inseln. Heute ist Bombay die größte Stadt Indiens. Im Jahr 1996 wurde sie in Mumbai umbenannt. So hatten die Einheimischen die Stadt bezeichnet.

Mumbai kann sich nur ins Landesinnere hinein ausdehnen. Die meisten Unternehmen befinden sich jedoch in der Nähe der Küste. Damit die Menschen es nicht so weit zu ihrer Arbeitsstelle haben, drängen sie sich in der Innenstadt. Viele Mumbaianer wohnen lieber in einer billigen Wellblechhütte im Zentrum statt in einer hübschen Wohnung am Stadtrand, von der aus sie stundenlang pendeln müssen. Trotzdem ist die Stadt so groß, dass fast alle Einwohner mit Bus oder Bahn zur Arbeit fahren müssen. Die Bevölkerungsdichte im Zentrum beträgt 34 000 Einwohner pro Quadratkilometer, das sind anderthalb Mal so viele wie in Paris und sieben Mal so viele wie in London.

Die indische Filmindustrie »Bollywood« stellt in Mumbai jedes Jahr Hunderte von Filmen her, die anschließend die Kinosäle in ganz Asien, Lateinamerika, Afrika und seit Neuestem auch in Europa füllen. Mittlerweile bringt Bollywood mehr Filme auf den Markt als Hollywood. Die abendfüllenden Geschichten sind dramatisch, manchmal auch lustig oder romantisch. Typisch sind die prächtigen Tänze und die farbenfrohen Kleider der Frauen. Die Schauspielerinnen und Schauspieler haben viele Fans.

Eine Frau im traditionellen Sari, daneben ein Mann in westlichem Anzug

São Paulo – Tausend neue Autos am Tag

Fast 19 Millionen Einwohner
Stadt in Brasilien (Südamerika), gegründet 1554

Die erleuchteten Bürotürme der Avenida Paulista in São Paulo (links). Einer der größten Stars des Landes ist der Gitarrist und Politiker Gilberto Gil.

São Paulo im Süden Brasiliens ist vor Rio de Janeiro die größte und modernste Stadt des Landes. Im Stadtzentrum ragen die glitzernden Bürotürme der Prachtstraße Avenida Paulista auf. Doch hinter der schönen Fassade lauern viele Gefahren. Die Bewohner von São Paulo, die Paulistanos, wagen sich nachts nicht mehr auf die Straße, denn in manchen Vierteln ist die Kriminalität lebensgefährlich. Obwohl die Straßen völlig verstopft sind, fahren viele Menschen mit dem Auto zur Arbeit, weil sie sich darin sicher fühlen. Mehr als sechs Millionen Fahrzeuge sind täglich unterwegs. Und das Verkehrschaos wird immer schlimmer, denn jeden Tag kommen 1000 neue Kraftfahrzeuge hinzu.

Es gibt in São Paulo aber auch Menschen, die der Stau völlig kalt lässt. Etwa 1000 Superreiche besitzen einen Privathubschrauber. Das ist ein Rekord, der São Paulo auf eine Stufe mit New York und Tokio stellt.

Die Autoabgase, die die Fahrzeuge in die Luft blasen, sammeln sich über dem Ballungsgebiet von São Paulo. Und weil die Stadt so ungünstig liegt, dass die Schadstoffe nicht vom Wind fortgetragen werden, fällt dort der sauerste Regen der Welt. Er zerfrisst die Steinfassaden der Häuser und schädigt die Pflanzen.

Aber São Paulo hat auch eine erfreuliche Bestmarke zu verzeichnen: 66 von 100 Bewohnern sind jünger als 20 Jahre. São Paulo ist damit die jüngste Stadt der Welt.

In der brasilianischen Megastadt rollt der Autoverkehr Tag und Nacht.

Los Angeles – Megastadt der Zukunft

16 Millionen Einwohner
Stadt in den USA (Nordamerika), gegründet 1781

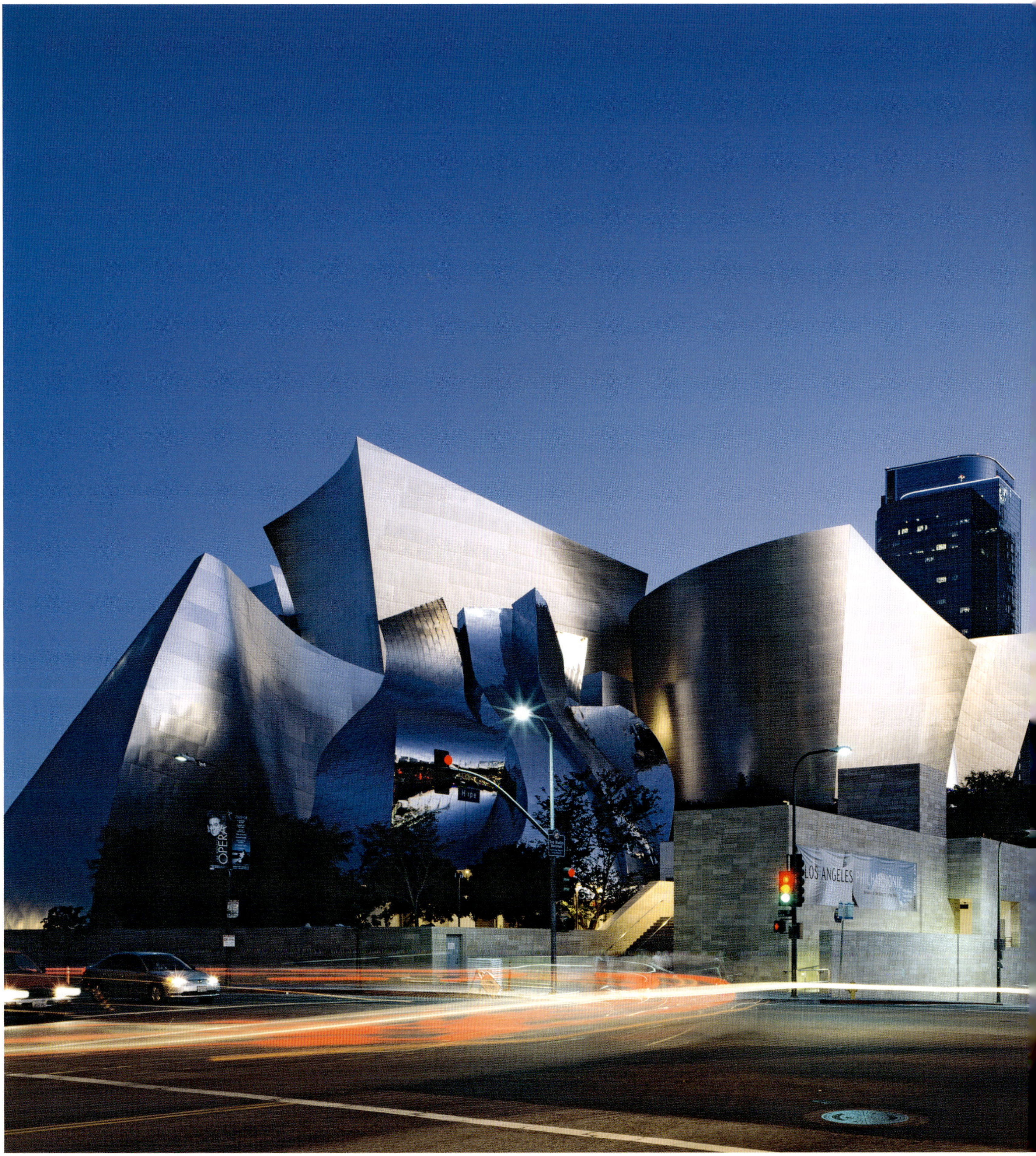

Die merkwürdig geformten modernen Gebäude der kalifornischen Megastadt erinnern an die Kulisse eines Science-Fiction-Films aus dem Stadtteil Hollywood.

Los Angeles ist keine Stadt im traditionellen Sinn. »L. A.«, wie man in den USA kurz sagt, hat nämlich gar kein richtiges Zentrum, oder besser gesagt, es hat mehrere Zentren. Die Stadt an der Westküste der USA ist mit ihrer Fläche von 87 972 Quadratkilometern so riesenhaft, dass sie eine »Städtelandschaft« bildet: Mehrere Städte sind durch unzählige Autobahnen miteinander verbunden. In Los Angeles kann kaum jemand ohne Auto leben. Schon heute ist es schwierig, zu Fuß einzukaufen, ins Kino, zur Post oder zum Friseur zu gehen. Freie Fahrt haben in L. A. vor allem große Autos.

Los Angeles ist auch die Hauptstadt der Jugendbanden. Schwarze Gangs und Jugendliche aus mittelamerikanischen Familien, die fast die Hälfte der Bevölkerung stellen, liefern sich oft mörderische Kämpfe. Auch Gefechte mit der Polizei sind an der Tagesordnung, manchmal arten sie in regelrechte Straßenschlachten aus. Als im Jahr 1992 weiße Polizisten, die einen schwarzen Taxifahrer misshandelt hatten, vor Gericht freigesprochen wurden, löste das in der ganzen Stadt blutige Krawalle aus.

Dank Hollywood ist Los Angeles auch eine Filmstadt. Es ist wohl kein Zufall, dass der 2003 gewählte Gouverneur von Kalifornien Arnold Schwarzenegger heißt: Er ist ein ehemaliger Hollywood-Schauspieler. Auch für viele Bewohner ist Los Angeles wohl eine Art Abenteuerfilm. Das könnte zumindest erklären, warum 40 von 100 Einwohnern außerhalb der USA geboren sind: Sie alle sind gekommen, um in Los Angeles, der »Stadt der Engel«, ihr Glück zu machen.

In den USA sind große und spritdurstige Autos beliebt.

Delhi – Zwischen Reichtum und Armut

Fast 16 Millionen Einwohner
Stadt in Indien (Asien), gegründet 1450 v. Chr.

In der Altstadt von Delhi: Während Händler an den Ständen ihre Waren anbieten, bahnen sich Rikschafahrer einen Weg durch das Getümmel.

Wie in allen Millionenstädten ist die Abfallbeseitigung in Delhi ein großes Problem. Es leben dort so viele Menschen, dass die Müllmänner die Abfallberge, die sich täglich in dem riesigen Ballungsgebiet ansammeln, nicht beseitigen können. Altes Papier, Pappkartons sowie verfaultes Obst und Gemüse landen deshalb auf der Straße. Die Kühe, die in Delhi frei herumlaufen, freuen sich darüber: Sie suchen in dem Müll nach Nahrung. Weil Kühe nach hinduistischem Glauben heilig sind, lässt man sie frei durch die Stadt laufen.

In Delhi herrscht ein krasser Gegensatz zwischen den Elendsvierteln und den superreichen, modernen und gepflegten Vierteln wie Neu-Delhi, dem südlichen Stadtteil von Delhi. In Neu-Delhi, das seit 1947 die offizielle Hauptstadt Indiens ist, prägen schöne Gebäude und breite, saubere Straßen, die selten verstopft sind, das Stadtbild. Ganz anders sieht es in Alt-Delhi aus, dem traditionellen Teil der Stadt: Hier herrscht ein höllischer Verkehr, ständiger Lärm, und überall wimmelt es von Menschen. Um den chaotischen Verkehr in den Griff zu bekommen, hat man in Delhi eine U-Bahn gebaut, deren Linien in den Jahren ab 2000 nach und nach eröffnet wurden.

Die Bevölkerung der Megastadt Delhi wächst rasant. Sechs von zehn Einwohnern sind nicht in der Stadt geboren, denn die Metropole in Nordindien zieht vor allem arme Menschen aus den nördlichen Landesteilen an. Dort spricht man, wie auch in Delhi, überwiegend Hindi.

Ein Elefant mitten in Delhi

Schanghai – Tai-Chi zwischen Hochhäusern

15 Millionen Einwohner
Stadt in China (Asien), gegründet zwischen dem 5. und 4. Jahrhundert v. Chr.

Die größte chinesische Stadt vom Meer aus gesehen: An den modernen Bürotürmen lässt sich der wirtschaftliche Erfolg Schanghais ablesen.

Schanghai bedeutet »über dem Meer«. Zunächst war Schanghai nur ein einfaches Fischerdorf. Doch seine Lage an der Flussmündung war so günstig, dass es wuchs und sich zu einem Handelszentrum entwickelte. Später lockte Schanghai die europäischen Mächte an. Sie zwangen China im Jahr 1842, sogenannte Konzessionen für den Handel mit Europa zu öffnen. Das waren Gebiete, in denen der Kaiser von China auf jeglichen Machtanspruch verzichtete. Die ausländischen Mächte konnten in diesen Gebieten schalten und walten, wie sie wollten. So wurde Schanghai auch zum Stützpunkt für europäische Einwanderer nach China. Lange Zeit verbanden die Europäer mit Schanghai Tausende von Rikschas, den Opiumhandel und die Düfte der asiatischen Küche, die durch die engen Gassen zogen.

Diese Zeiten sind längst vorbei. Heute verkörpert Schanghai die Macht und Weltoffenheit Chinas. Mit ihren »speziellen Wirtschaftszonen« am Stadtrand, in denen sich Exportunternehmen ansiedeln, trägt die Stadt zum wirtschaftlichen Erfolg Chinas bei.

Doch das alte China ist nicht ganz verschwunden. So üben noch heute überall in der Stadt junge und ältere Chinesen Tai-Chi aus, die traditionelle Kampfsportart. Tai-Chi erfordert große Körperbeherrschung und ähnelt nach außen hin einem Tanz in Zeitlupe. Mitten im Strom der Passanten und Radfahrer prägen die Sportler frühmorgens das Straßenbild. Die Hälfte der Einwohner Schanghais geht oder radelt zur Arbeit – ein Weltrekord für eine Millionenstadt!

Viele Chinesen machen zur Entspannung Tai-Chi.

Kolkata – Ein schlummernder Riese

Früher Kalkutta. Fast 15 Millionen Einwohner
Stadt in Indien (Asien), gegründet 1690

Fußgänger und Fahrzeuge drängen sich auf der Haora-Brücke in Kolkata. So sieht für Millionen von Indern der Alltag aus.

Kalkutta, das 2001 in Kolkata umbenannt wurde, liegt beiderseits des Flusses Hugli, einem Mündungsarm des heiligen Flusses Ganges. Der Fluss versandet aber von Jahr zu Jahr stärker. Früher kamen große Handelsschiffe nach Kalkutta und bescherten der Stadt Reichtum. Heute gelangen die Schiffe nicht mehr über den Fluss bis zum Hafen. Kolkata verliert deshalb wirtschaftlich zunehmend an Bedeutung.

Vom riesigen Haora-Bahnhof am rechten Flussufer führt eine Brücke zum linken Ufer, wo der bevölkerungsreichere Stadtteil liegt. Die Haora-Brücke ist eine der meistbefahrenen Brücken der Welt. Dort verkehren zu jeder Tageszeit Autos, Fahrräder, Rikschas (Fahrradtaxis), Auto-Rikschas (dreirädrige Taxis), Busse, Lastwagen, Traktoren sowie Karren, die von Ochsen, Eseln oder Menschen gezogen werden und mit Waren beladen sind. Dazwischen sind Kühe und Heerscharen von Fußgängern unterwegs.

Typisch für Kolkata sind jedoch die Rikschas. Eine Rikschafahrt auf der Haora-Brücke ist ein beängstigendes und zugleich unvergessliches Erlebnis: Der Rikschamann schiebt sein Gefährt barfuß an, damit es in Fahrt kommt, und lenkt es dann mitten durch das wilde Durcheinander von Fahrzeugen, die allesamt größer, schwerer und schneller sind als sein klappriger Wagen. Dem unerfahrenen Rikschagast kommt die Fahrt über die Brücke, die eigentlich nur einige Hundert Meter lang ist, daher ewig vor!

Der Rikschafahrer lebt mitten in Kolkata gefährlich.

Dhaka – Feucht und warm

Früher Dakka. 13 Millionen Einwohner
Hauptstadt von Bangladesch (Asien), gegründet 1608

Während der Monsun-Regenfälle verwandeln sich die Straßen von Dhaka in Flüsse. Die Rikschafahrer kommen bei dem Wetter nur mühsam voran.

Dhaka liegt mitten im Sumpfgebiet des Gangesdeltas, und die Schwüle in der Stadt ist oft unerträglich. Die Luftfeuchtigkeit beträgt bis zu 80 Prozent, und dazu herrscht drückende Hitze. Auch in Dhaka ist das Abwassersystem in schlechtem Zustand: Fast in jeder Straße stehen große Lachen, weil das Abwasser durch die verstopften oder zu kleinen Rohre nicht richtig abfließen kann. Da diese Lachen Brutstätten für Stechmücken sind, musste die Stadtverwaltung von Dhaka den Kampf gegen die Plagegeister aufnehmen. Mehrere Hundert Arbeiter versprühen dort, wo sich die Mücken fortpflanzen, Insektenvernichtungsmittel. Im Jahr 2003 wies der Premierminister sogar die Luftwaffe an, mit Flugzeugen Spritzmittel auszubringen.

Die schlimmen hygienischen Zustände halten Neuankömmlinge vom Land nicht davon ab, sich in Dhaka anzusiedeln. Um 1900 zählte die Stadt nach knapp 100 000 Einwohner; bereits ein Jahrhundert später waren es 130 Mal so viele! Dhaka hat die weltweit größte Wachstumsrate der letzten 50 Jahre.

Zusammen mit Kairo ist Dhaka die Stadt mit den meisten Muslimen. Als Indien 1947 die Unabhängigkeit von Großbritannien erlangte, wurde es in einen hinduistischen und einen islamischen Teil gespalten. Der islamische Teil war Pakistan, dessen Ostteil Bangladesch 1971 selbstständig wurde. Schon 1947 verließen die Hindus Dhaka und wanderten nach Indien aus. Dafür kamen Muslime aus dem Nordosten Indiens nach Dhaka. Der Großteil der 130 Millionen Bangladescher sind deshalb heute Muslime.

In Dhaka ist es heiß und feucht.

Buenos Aires – Eine europäische Stadt in Argentin

Fast 13 Millionen Einwohner
Hauptstadt von Argentinien (Südamerika), gegründet 1580

Buenos Aires gelingt der Brückenschlag zwischen dem alten Europa und Südamerika (links). Der Tango ist Ausdruck der bunten Kultur Argentiniens.

In Argentinien ist die Landwirtschaft seit jeher eine wichtige Einnahmequelle. Noch heute führt das Land so viel Getreide und Fleisch aus wie kaum ein anderer Staat. Vom Hafen von Buenos Aires aus gelangen die landwirtschaftlichen Erzeugnisse in alle Welt. Diesem glücklichen Umstand verdankt die Stadt ihren Reichtum.

Wenn man durch Buenos Aires schlendert, hat man manchmal das Gefühl, nicht in Südamerika zu sein, sondern in Europa. Das liegt daran, dass europäische Einwanderer ganze Stadtviertel erbauten, die sie an ihre Heimat erinnern sollten. In einigen Vierteln wähnt man sich noch heute in Südfrankreich oder Italien. Das Stadtzentrum von Buenos Aires ähnelt allerdings dem anderer Millionenstädte. Dort bestimmen moderne Gebäude und Glasfassaden das Stadtbild. Ihren Charme verdankt die argentinische Metropole jedoch alten Stadtvierteln wie La Boca, das von italienischen Einwanderern gegründet wurde.

Die meisten Einwanderer waren unverheiratete Männer, die kamen, um sich in der aufstrebenden Stadt Arbeit zu suchen. Da sie ihre Frauen hatten zu Hause lassen müssen, brachten sie mit Liedern und Tänzen ihre Einsamkeit und Sehnsucht zum Ausdruck. So erfanden sie den schwermütigen Tango, der Musik und Tanz zugleich ist. Der Tango hat auch afrikanische Wurzeln, denn einige Rhythmen wurden aus der Musik der Sklaven übernommen, die um 1800 zwangsweise nach Buenos Aires kamen. Melodien, Instrumente und Tanzschritte dagegen stammen aus der italienischen und spanischen Kultur.

Sogar auf der Straße wird Tango getanzt.

Kairo – Hoffnungslos übervölkert

Fast zwölf Millionen Einwohner
Hauptstadt von Ägypten (Afrika), gegründet 969

Kairo ist die größte Stadt der arabischen Welt. Moscheen (links) und alte Traditionen bestimmen das Stadtbild, etwa dieser Wasserpfeife rauchende Mann.

Kairo ist die bevölkerungsreichste Stadt Afrikas und zusammen mit Dhaka die wichtigste islamische Stadt der Welt. Sie liegt im Nildelta an einem strategisch günstigen Ort zwischen dem Mittelmeer und der riesigen Wüste im Hinterland. Weil das Hinterland so unwirtlich ist und ein Nahverkehrsnetz völlig fehlt, bleibt Neuankömmlingen nichts anderes übrig, als sich im Stadtzentrum anzusiedeln. Dort ist der Wohnraum knapp, und die Menschen hausen auf engstem Raum zusammen. Kairo ist daher die Millionenstadt mit der weltweit größten Bevölkerungsdichte: 36 500 Einwohner leben auf einem Quadratkilometer, fast doppelt so viele wie in Paris. Die Stadt ist derart übervölkert, dass sie keine andere Möglichkeit mehr hat, als sich in die Wüste auszudehnen. Eines Tages könnte die Megastadt sogar Gise schlucken, wo die berühmten Pyramiden und der Sphinx stehen.

Mehrere Hunderttausend Kairoer Bürger haben ein sehr ungewöhnliches Zuhause: Sie leben auf einem Friedhof, in der sogenannten »Stadt der Toten«. Dort wohnen sie zwischen den Grabsteinen, zum Teil in den Grabmälern und den kleinen Moscheen. Die Menschen hängen ihre Wäsche über den Gräbern zum Trocknen auf, und die Kinder spielen auf dem Friedhof Ball. Und das nicht erst seit Kurzem: Schon seit mehreren Hundert Jahren gibt die Stadt der Toten armen Menschen aus ganz Ägypten ein Zuhause. Nach und nach verändert sich der Friedhof, denn einige Bewohner haben sich inmitten der Gräber richtige Häuser gebaut.

In Kairo leben Menschen zwischen Gräbern.

Rio de Janeiro – Fußball und Samba

Fast zwölf Millionen Einwohner
Stadt in Brasilien (Südamerika), gegründet 1555

Der Karneval hat in allen brasilianischen Städten Tradition. Aber in Rio de Janeiro wird er wohl am ausgiebigsten und prächtigsten gefeiert.

Viele Touristen halten Rio de Janeiro für die schönste Stadt der Welt. Sie säumt eine Bucht, über der sich die berühmten kegelförmigen Granithügel erheben. An traumhaften Stränden wie denen der Stadtteile Copacabana und Ipanema lädt Rio zu herrlichen Spaziergängen ein. Einen besonders schönen Ausblick auf Rio de Janeiro hat man vom Zuckerhut, dem berühmten Wahrzeichen der Stadt, oder auch vom Gipfel des Berges Corcovado aus, auf dem eine 30 Meter hohe Christusstatue steht. Wer kurz vor Einbruch der Dunkelheit auf den Corcovado steigt, sieht unter sich die unzähligen Lichter der Stadt, darunter auch die des Maracana-Fußballstadions.

Rio ist eine Fußballstadt. Es gibt dort vier große und traditionsreiche Vereine: Flamengo, Vasco da Gama, Fluminense und Botafogo. Die Bewohner der Stadt unterstützen begeistert ihr jeweiliges Team. Die zweite große Leidenschaft neben dem Fußball ist der Karneval. In den Favelas, den Armenvierteln der Stadt, die sich an die Berghänge schmiegen, bereiten die Menschen monatelang das große Fest vor. In den Sambaschulen proben die Musiker und Tänzer ihre Darbietungen, und die Schneiderinnen nähen prachtvolle bunte Kostüme. Im Februar spielt sich das Leben dann vier Tage und vier Nächte auf den Straßen von Rio ab, und die Menschen musizieren und tanzen in der tropischen Hitze um die Wette.

In Rio spielen die Kinder gern am Strand Fußball.

Peking – Die kaiserliche Stadt

Elf Millionen Einwohner
Hauptstadt von China (Asien), der Legende nach vom Gelben Kaiser einige Jahrhunderte v. Chr. gegründet.

In den chinesischen Gärten scheint die Zeit stillzustehen (links). Alles ist friedlich, auch dieser Greis, der trotz seines hohen Alters vor Lebensfreude strotzt.

In Peking ist alles groß. Das passt zu China, dem bevölkerungsreichsten Land der Welt. Die Straßen sind breit wie Plätze und die Plätze so riesig, dass sich ein oder zwei Millionen Menschen zu politischen Kundgebungen versammeln können.

Peking ist seit 1421 die Hauptstadt Chinas. Der Kaiser von China hatte im Jahr 1406 mit dem Bau einer Palastanlage begonnen, der »Verbotenen Stadt«. Der Ort heißt so, weil nur der Kaiser und seine Familie, die Adligen, die kaiserlichen Beamten sowie die Hofangestellten dort Zutritt hatten. Der Palast ist mit einer Fläche von 1000 mal 780 Meter einer der größten der Welt. Seit knapp 100 Jahren ist er nicht mehr bewohnt, weil es seither in China keinen Kaiser mehr gibt.

Ein Sinnbild für das moderne China ist der riesige Tian'anmen-Platz, der Platz des Himmlischen Friedens vor der »Verbotenen Stadt«. Auf diesem Platz rief der Kommunistenführer Mao Tse-tung am 1. Oktober 1949 die Volksrepublik China aus. Vierzig Jahre später, im Frühsommer 1989, versammelten sich Studenten auf dem Tian'anmen-Platz, um für politische Freiheit zu demonstrieren. Das chinesische Militär richtete damals ein Massaker an, bei dem fast 3000 Menschen ums Leben kamen. Heute steht der Platz des Himmlischen Friedens auch für eine neue Offenheit in China, denn im Jahr 1990 wurde dort das erste westliche Fast-Food-Restaurant Chinas eröffnet.

In China isst man auch im Schnellrestaurant mit Stäbchen.

Manila – Kinder als Müllsammler

Elf Millionen Einwohner
Hauptstadt der Philippinen (Asien), gegründet 1571

Auf den Philippinen trennt eine tiefe Kluft die Armen und die Reichen. In der Hauptstadt Manila müssen Zehntausende Kinder Müll sammeln.

Manila wurde im 16. Jahrhundert gegründet. Schon bald wurden die Stadtviertel, in denen die spanischen Eroberer lebten, von den Stadtteilen abgegrenzt, in denen die Eingeborenen wohnten. Diese Rassentrennung wurde auch nicht abgeschafft, als die Philippinen im Jahr 1946 unabhängig von den USA wurden. Heute ist die Kluft zwischen den Superreichen und den Bitterarmen tiefer denn je. Die Reichen siedeln sich in Luxusvierteln an, die von privaten Wachtposten beschützt werden. Zu ihnen hat der Rest der Bevölkerung keinen Zutritt. Andererseits gibt es in Metro Manila, dem Großraum Manila, mehr als 500 Armenviertel. Dort leben, zunehmend an Bahngleisen oder Flüssen, unter Brücken und am Fuße von Mülldeponien, mindestens 2,5 Millionen Menschen. Die hygienischen Zustände sind furchtbar, und es herrscht eine unvorstellbare Armut. Ganze Familien, auch Kinder, stöbern auf den riesigen Abfallbergen der Reichen herum und stürzen sich auf alles, was in irgendeiner Form verwertbar ist. Morgens ebnen Traktoren die Abfallberge ein. Nach dem Gesetz hat auf den Philippinen zwar jeder Bürger das Recht auf eine ordentliche Unterkunft, doch das steht nur auf dem Papier. In Manila regiert noch immer die Ungerechtigkeit.

Die Busse in Manila sind kunterbunt.

Moskau – Paläste und Hochhäuser

Fast elf Millionen Einwohner
Hauptstadt von Russland (Europa/Asien), gegründet 1147

Wenn es Abend wird in der russischen Hauptstadt Moskau, wirkt der Kreml, der ehemalige Zarenpalast, märchenhaft und fast unwirklich.

Moskau war einst ganz aus Holz erbaut und bestand aus lauter einstöckigen Häusern. Weil sich endlose Wälder über Russland erstreckten, war Holz das Baumaterial, das am reichlichsten vorhanden und damit auch am billigsten war. Steine dagegen musste man von weit her kommen lassen. Aus diesem Grund wurden nur wenige offizielle Gebäude wie der Zarenpalast, der Kreml, aus Stein gebaut.

Nach altem Brauch residierte der mächtige Zar so lange im Kreml, bis Peter der Große beschloss, die 1703 gegründete Stadt Sankt Petersburg zur russischen Hauptstadt zu erheben. Nach der Revolution von 1917, die der Zarenherrschaft ein Ende setzte, wählten die Kommunistenführer wieder den Kreml als Regierungssitz, denn sie betrachteten Moskau und nicht Sankt Petersburg als die wahre Hauptstadt Russlands.

Seit Beginn des 20. Jahrhunderts hat sich die Bevölkerung Moskaus sage und schreibe verzehnfacht. Nun mussten die vielen Neuankömmlinge ja aber irgendwo untergebracht werden. Deshalb weitete sich die Stadt in die Breite und in die Höhe aus. Heute gibt es in Moskau viele Wohntürme mit bis zu 24 Stockwerken.

In das Stadtzentrum mit den Bürohochhäusern, den wunderschönen historischen Gebäuden und den Museen fahren die Menschen mit der U-Bahn. Die Moskauer U-Bahn wurde in den Jahren nach 1930 gebaut, als Josef Stalin über die damalige Sowjetunion herrschte. Sie ist wohl die prächtigste Untergrundbahn der Welt. Das unterirdische System ist so geräumig, dass im Zweiten Weltkrieg ein Großteil der Moskauer Bevölkerung dort Schutz vor den Luftangriffen fand.

In Moskau wird es im Winter bis zu minus 30 Grad kalt.

Istanbul – Brücke zwischen zwei Kontinenten

Zehn Millionen Einwohner
Stadt in der Türkei (Europa/Asien), gegründet 330 n. Chr.; vorher Byzanz, gegründet im 7. Jahrhundert v. Chr.

Der Bosporus verbindet das Mittelmeer mit dem Schwarzen Meer. Hier, an einem der schönsten Flecken der Erde, wurde einst Byzanz erbaut.

Istanbul war schon immer eine der vielfältigsten Städte der Welt. Kein Wunder, steht sie doch zu beiden Seiten der Meerenge des Bosporus mit einem Fuß in Europa und mit dem anderen in Asien. Istanbul ist die einzige Großstadt der Welt, die auf zwei Kontinenten errichtet wurde.

Zunächst war sie nur ein kleiner Marktflecken im Mittelmeerraum, der im 7. Jahrhundert vor Christus von griechischen Volksstämmen besiedelt wurde. Später, im Jahr 330 nach Christus, erhob sie Kaiser Konstantin zur Hauptstadt des Oströmischen Reiches. Konstantinopel, wie die Stadt fortan hieß, war ein Handelsknotenpunkt zwischen dem christlichen Abendland und dem geheimnisvollen Morgenland. In dieser Zeit knüpfte die Stadt enge Beziehungen zur slawischen Welt am anderen Ende des Bosporus.

Als der Islam im Vorderen Orient Einzug hielt, wurden muslimische Eroberer von der Stadt und ihren Reichtümern angezogen. Doch mehrere Jahrhunderte lang hielt die Stadt den Angriffen stand. Erst im Jahr 1453 wurde sie von den Osmanen (Türken) erobert. Sie benannten sie in Istanbul um und stülpten ihr den islamischen Glauben über. Kirchen wie die Hagia Sophia wurden zu Moscheen umgebaut. Die osmanische und islamische Kultur hielt Einzug in der Stadt.

Die Küche Istanbuls spiegelt die wechselhafte Geschichte der Stadt und die vielen Einflüsse wider: Olivenöl, Ziegenkäse und Auberginen kommen aus dem griechischen Raum, Backwaren und Gewürze aus dem Vorderen Orient, Joghurt und Paprika aus der slawischen Welt.

Ein Teehändler in den Straßen Istanbuls

Paris – Die zentrale Macht Frankreichs

Fast zehn Millionen Einwohner
Hauptstadt von Frankreich (Europa), 250–225 v. Chr. vom Keltenstamm der Parisii gegründet

Der Elysée-Palast ist der offizielle Sitz aller französischen Staatspräsidenten seit 1873. Hier ist der Innenhof des riesigen Palastes zu sehen.

Paris liegt an der Seine, deren Ufer mit 30 Brücken verbunden werden. Am rechten Seineufer sind große Unternehmen und Finanzdienstleister angesiedelt, während südlich der Seine am linken Ufer die großen Wohnviertel liegen.

Paris ist nicht nur französische Hauptstadt, sondern auch kulturell und wirtschaftlich die wichtigste Stadt des Landes. Sämtliche großen Institutionen und Behörden befinden sich in der Stadt. Der Elysée-Palast, der Amts- und Wohnsitz des französischen Präsidenten, das Hôtel Matignon, in dem der Ministerpräsident residiert, der Justizpalast, die Polizeipräfektur, die Kathedrale Notre-Dame und die Sorbonne-Universität liegen alle in unmittelbarer Nähe. Sämtliche politischen Entscheidungen des Landes werden in Paris gefällt.

Die Pariser fechten die politische Macht aber auch seit jeher an. Schon oft haben sie gegen Ungerechtigkeiten aufbegehrt. Im Jahr 1588 gingen sie auf die »Barrikaden«: Mit Fässern (*barrique* heißt Fass) versperrten sie der anstürmenden Kavallerie Heinrichs III. den Weg. Ähnliches geschah 1830. Damals setzte sich die Bevölkerung in der Julirevolution gegen Karl X. zur Wehr, der 40 Jahre nach der Französischen Revolution die Vorherrschaft des Adels wieder einführen wollte. In den Studentenrevolten von 1968 kamen dann keine Fässer mehr zum Einsatz, sondern die Straßen wurden mit umgeworfenen Fahrzeugen blockiert.

Auch mit Leihrädern kann man die Stadt erkunden.

Seoul – Hauptstadt in einem geteilten Land

Fast zehn Millionen Einwohner
Hauptstadt der Republik Korea (Asien), gegründet 18 v. Chr.

In Seoul, der Hauptstadt von Südkorea, genießen die Menschen einen hohen Lebensstandard. Den Bewohnern Nordkoreas geht es viel schlechter.

Seoul war viele Jahrhunderte lang die Hauptstadt Koreas. Korea ist eine Halbinsel, die im Norden an China grenzt. Das Land wurde vor rund 100 Jahren von Japan besetzt und nach der Niederlage der Japaner im Zweiten Weltkrieg ähnlich wie Deutschland in zwei Besatzungszonen geteilt. Der Bereich nördlich des 38. Breitengrades wurde dem sowjetischen Militär unterstellt, das Gebiet südlich davon den Amerikanern. Im Jahr 1948 bildeten sich zwei Regierungen. Die Regierung im Norden in der Stadt Pjöngjang war kommunistisch, Seoul und die Südhälfte des Landes standen unter amerikanischem Einfluss. Im Jahr 1950 kam es zum Krieg zwischen Nord- und Südkorea. In den Kämpfen, die im Norden von China und im Süden von den USA unterstützt wurden, kamen zwei Millionen Menschen ums Leben. Seoul wurde von Bomben zerstört und lag am Ende des Koreakriegs 1953 in Schutt und Asche.

Heute, nach dem Wiederaufbau, ist Seoul eine graue und seelenlose Stadt. Dank der großen Automobil- und Elektronikunternehmen hat sich Südkorea aber zu einem der führenden Industrieländer gemausert. Die Hauptstadt Seoul, die im Jahr 1988 die Olympischen Sommerspiele ausrichtete, liegt nur 58 Kilometer südlich des 38. Breitengrades. Das Verhältnis zur Regierung von Nordkorea ist nach wie vor angespannt, und die Menschen können bis heute ihre Verwandten im Nordteil nicht besuchen.

Nord- und Südkorea sind streng getrennt.

Lagos – Erdöl und käufliche Politiker

Etwa neuneinhalb Millionen Einwohner
Stadt in Nigeria (Afrika), vom Yoruba-Stamm unter dem Namen Eko gegründet, 1472 in Lagos umbenannt

In den Straßen von Lagos ist die Macht des Militärs allgegenwärtig (rechts). Gewalttaten sind an der Tagesordnung und halten die Bevölkerung in ständiger Angst.

Lagos ist die bevölkerungsreichste Stadt Schwarzafrikas. Seit dem Jahr 1991 hat sich die Einwohnerzahl fast verdoppelt. Lange war in Lagos die afrikanische Protestmusik zu Hause, verkörpert durch den Musiker Fela Kuti. Zusammen mit seiner Band Africa 70 prangerte der Sänger die Bestechlichkeit der afrikanischen Politiker an. Er forderte größere Einheit für Afrika und gründete sogar eine unabhängige »Republik Kalakuta«, die jedoch im Jahr 1977 von der nigerianischen Armee gewaltsam eingenommen wurde. Fela Kuti kämpfte bis zu seinem Tod im Jahr 1997 für ein geeintes Afrika. Sein Sohn Femi führt das Lebenswerk seines Vaters weiter und prangert die Missstände in seinem Heimatland an: das Elend der Bevölkerung und die Geldgier der Politiker und Unternehmer.

Um 1970 galt Nigeria als afrikanisches »Wunderland«. Es war eines der wichtigsten Erdölförderländer der Welt. Als der Preis für ein Fass Öl innerhalb weniger Monate von 0,30 auf 13 Dollar anstieg, hätten die Ölgewinne der gesamten Bevölkerung Wohlstand bringen können. Doch die Menschen bekamen nie etwas von dem neuen Reichtum ab. Stattdessen prägen heute Armut und Gewalt die Straßen von Lagos. Viele Nigerianer fliehen vor dem Elend auf dem Land in die Hauptstadt, müssen aber auch hier ums Überleben kämpfen. Drogenhandel, Diebstahl und Gewaltverbrechen sind an der Tagesordnung. Es ist noch ein weiter Weg zu der friedlichen Stadt, von der Fela Kuti träumte.

Fela Kuti verbreitete seine politischen Ideen mit Musik.

Jakarta – Kampungs und Kanäle

Über neun Millionen Einwohner
Hauptstadt von Indonesien (Asien), gegründet 1527

In den Kampungs, den Stadtvierteln von Jakarta, organisieren die Bewohner trotz Armut und schlechter Versorgung ihr Leben, so gut es eben geht.

Jakarta ist eine chaotische und zerstückelte Stadt, die aus lauter dorfähnlichen Siedlungen besteht. Diese Siedlungen oder »Kampungs« sind ein Sammelsurium aus dicht gedrängten Hütten. Sie werden von einem Kanalsystem durchzogen, einem regelrechten Labyrinth, in dem sich nur die Bewohner der Stadt zurechtfinden. Jakarta liegt in den Tropen und hat ein feuchtwarmes Klima. Oft steigt daher von den Kanälen ein übler Geruch auf. Die ärmlichen Hütten der Kampungs sind aus Altmaterialien errichtet. Dazwischen ragen hier und da ein paar massiv gebaute Steinhäuser auf.

Die Bewohner Jakartas stammen aus ganz Indonesien. Die meisten haben ihre Dörfer verlassen, weil sie der Armut auf dem Lande entfliehen wollten. Wenn sie in die Hauptstadt kommen, siedeln sie sich in dem Kampung an, in dem bereits andere Menschen aus ihrer Herkunftsregion wohnen.

Jakarta könnte sich eine richtige Stadtplanung und ein modernes Abwassersystem sicher leisten. Indonesien ist nämlich ein reiches und wirtschaftlich sehr erfolgreiches Land. Im Hafen von Jakarta, dem Tanjung-Priok-Hafen, verlassen landwirtschaftliche Produkte, Tropenholz sowie billige Sportbekleidung und Sportschuhe das Land, die es in den westlichen Ländern überall zu kaufen gibt. Doch wie in vielen anderen Großstädten der Welt raffen auch in Jakarta wenige mächtige Gruppen die Reichtümer an sich. Der große Rest der Bevölkerung geht leer aus.

Kinder aus einem Kampung spielen am Kanal.

London – Bitte lächeln, Sie werden gefilmt!

Gut achteinhalb Millionen Einwohner
Hauptstadt Großbritanniens (Europa), 43 n. Chr. von den Römern gegründet

In London stehen moderne Gebäude neben alten, links die Kathedrale St. Paul's. Die Themse fließt durch die britische Hauptstadt.

London ist stolz auf seine Sonderstellung in Großbritannien und Europa. Wer zum ersten Mal nach London kommt, meint, er sei im Film: In der Londoner City begegnen ihm Gentlemen mit Melone und Schirm, jede Menge Ferraris und Bentleys, rote Busse, schwarze Taxis und hin und wieder sogar eine königliche Kutsche.

Nachdem die britische Hauptstadt am 7. Juli 2005 von Terroranschlägen erschüttert wurde, ist sie heute die sicherste Metropole der Welt. Unter anderem führte man automatische Erkennungsgeräte für Autokennzeichen ein. So kann die Polizei gestohlene Fahrzeuge aufspüren, die von Terrorgruppen benutzt werden. Und wie in einem Science-Fiction-Film sind überall in den Straßen Kameras installiert, die mit Polizeicomputern vernetzt sind. Damit können die Gesichter der Autofahrer und der Passanten identifiziert werden. Computerprogramme analysieren Tausende gefilmter Personen und helfen der Polizei, Menschen zu finden, die mutmaßlich ein Verbrechen planen.

Im Vergleich zu vielen anderen Megastädten der Welt ist London eine ruhige und saubere Großstadt. Um Staus zu verhindern und Lärm und Luftverschmutzung zu verringern, haben die Londoner Behörden im Jahr 2003 für den Autoverkehr in der Innenstadt eine City-Maut eingeführt. Das heißt, dass Autofahrer, die in die Stadt wollen, dafür bezahlen müssen. Nur wer auf sein Fahrzeug nicht verzichten kann, wie etwa ein Lieferant, darf ins Stadtzentrum. Die anderen müssen öffentliche Verkehrsmittel benutzen.

Der Londoner Gentleman pflegt einen eigenen Lebensstil.

Lima – Eine Stadt in der Krise

Acht Millionen Einwohner
Hauptstadt von Peru (Südamerika), gegründet 1535

In den Straßen von Lima bieten fahrende Händler ihre Waren feil: tropische Früchte oder auch selbst gemachte scharfe Soßen (links).

Jeden Morgen, noch bevor die Sonne am Horizont aufgeht, eilen Männer und Frauen in den Barriadas, den Elendsvierteln von Lima, zur Omnibushaltestelle. Lima ist eine riesige Stadt, und die öffentlichen Verkehrsmittel sind langsam. Daher braucht man mindestens drei Stunden, um vom einen Ende der Stadt zum anderen zu gelangen. Die Busse rattern mit ohrenbetäubendem Lärm Richtung Stadtmitte. Die meisten Passagiere haben einen großen Sack dabei. Sie sind Schwarzhändler und bieten den Passanten in der Innenstadt Kleidung, Zigaretten, Küchenartikel, Geräte oder Medikamente an. Das ist verboten, und sie leben in ständiger Angst, von der Polizei erwischt zu werden, denn die Geldstrafe, die dann fällig wird, ist hoch. Aber die Leute sind arm, und es gibt zu wenige Arbeitsplätze in Lima. Deshalb sehen sie keine andere Möglichkeit, ihre Familie zu ernähren.

Lima steckt in einer tiefen Krise. Seit den 1980er Jahren wurde die peruanische Hauptstadt immer wieder von Terroranschlägen erschüttert. Präsident Fujimori errichtete daraufhin eine Zwangsherrschaft. Er unterdrückte Studenten, Gewerkschaftler und politische Aktivisten, die sich für die Demokratie und die Menschenrechte einsetzten. Kaum jemand wagte es, die Macht des Diktators anzufechten, und Unsicherheit und Armut breiteten sich in der Bevölkerung aus. Fujimori wurde im Jahr 2000 wegen Bestechlichkeit und Verstößen gegen die Menschenrechte seines Amtes enthoben. Doch das Land und die Stadt Lima sind bis heute in einem elenden Zustand. Es wird viele Jahre dauern, bis die peruanische Bevölkerung wieder ein normales Leben führen kann.

Auch Kinder handeln auf dem Schwarzmarkt.

Kinshasa – Wettlauf ums Wasser

Knapp acht Millionen Einwohner
Hauptstadt der Demokratischen Republik Kongo (Afrika), gegründet 1881

Nachdem der Bürgerkrieg das Land jahrelang fest im Griff hatte, versuchen die Bewohner in Kinshasa, zu einem normalen Leben zurückzukehren.

Weil am Stadtrand täglich neue Hütten gebaut werden, dehnt sich Kinshasa in Windeseile aus. Die Stadtwerke kommen mit der Wasserversorgung nicht mehr hinterher. Sie haben zu wenig Geld, um die Arbeiter für das Ausheben der Gräben und das Verlegen der Wasserleitungen zu bezahlen. Deshalb müssen die Neuankömmlinge vom Land, die in die kongolesische Hauptstadt kommen, mit Wohnungen ohne fließend Wasser vorliebnehmen. Offiziell darf jeder Bewohner Kinshasas 20 Liter Wasser am Tag verbrauchen. Das entspricht der Grundversorgung, die von den Vereinten Nationen festgelegt wurde. In Wahrheit gibt es aber gewaltige Unterschiede. Die ärmsten Bewohner von Kinshasa erhalten viel weniger Wasser. Und weil ihre Wohnungen nicht an die öffentliche Wasserversorgung angeschlossen sind, müssen sie es bei Wasserverkäufern kaufen. Dieses Wasser ist teuer und oft verschmutzt, denn im Kongo, das auf dem Äquator liegt und ein feuchtwarmes Klima hat, wird das Wasser in den Zisternen nach kurzer Zeit schlecht.

Die Demokratische Republik Kongo, der Tschad und Eritrea sind die drei afrikanischen Länder mit der schlechtesten Wasserversorgung. Mindestens 900 Millionen Menschen auf der ganzen Welt haben kein fließendes Wasser. Wie in Kinshasa trinken sie oft verunreinigtes Wasser. Das macht vor allem Kinder krank. Etwa zwei Millionen Menschen sterben jedes Jahr an Durchfall, Cholera und ähnlichen Krankheiten.

In Kinshasa müssen viele Kinder Wasser tragen.

Hongkong – Aus Alt mach Neu

Gut sieben Millionen Einwohner
Stadt in China (Asien), 1842 von den Briten gegründet

Die Bucht von Hongkong ist eine der schönsten der Welt. Die Lichter der Nacht lassen eine moderne asiatische Großstadt erstrahlen.

Die Bucht von Hongkong ist von hohen, steil ins Meer abfallenden Bergen gesäumt. Bis vor etwa zehn Jahren mussten Linienflugzeuge daher eine abenteuerliche Kurve fliegen, bevor sie auf dem Flughafen von Hongkong in der Innenstadt landen konnten. Es war einer der gefährlichsten Flughäfen der Welt.

Wenige Hundert Meter von der Landebahn entfernt glaubte sich der Reisende in eine andere Welt und in eine andere Zeit versetzt. Auf den Straßen von Hongkong begegnete man chinesischen Lastenträgern mit der traditionellen Bambusstange auf den Schultern, an deren Enden das Transportgut hing. In den öffentlichen Grünanlagen machten ältere Chinesen frühmorgens ihre Gymnastik. Und im Zentrum des Stadtteils Kowloon, der auf der Halbinsel liegt, lockte ein berühmter Vogelmarkt Liebhaber von Kanarienvögeln, Sittichen und Kakadus.

Hongkong war eine britische Kronkolonie. Im Jahr 1997 wurde sie von Großbritannien an die Volksrepublik China zurückgegeben. Seither hat sich die Stadt sehr verändert. Die »Walled City« (ummauerte Stadt) von Kowloon war ein Stadtteil mit eng verschachtelten Hochhäusern, die ohne Genehmigung erbaut und erweitert wurden. Der gesamte Stadtteil wurde schon 1993 abgerissen. Heute stehen dort moderne Wohnhäuser. Gegenüber, auf der Insel Hong Kong Island (oder Victoria Island), erheben sich schwindelerregende Wolkenkratzer. Einer davon sieht aus, als sei er vergoldet. Auch der alte Flughafen wurde im Jahr 1998 durch einen neuen ersetzt, der einige Kilometer außerhalb der Stadt liegt. Seither ist das Landen in Hongkong viel sicherer.

Singvögel sind in China sehr beliebt.

Madrid – Eine Stadt im Aufschwung

Fünfeinhalb Millionen Einwohner
Hauptstadt von Spanien (Europa), gegründet zwischen dem 9. und 10. Jahrhundert

Die nächtliche Beleuchtung bringt die historischen Gebäude der spanischen Hauptstadt Madrid wunderschön zur Geltung.

In Madrid spricht man kastilisch, die spanische Amtssprache. In Spanien gibt es aber neben der kastilischen auch die katalanische, die baskische und die galizische Sprache. Diese Sprachenvielfalt könnte den Anschein erwecken, Spanien sei ein geteiltes Land. Doch Madrid ist schon seit dem Jahr 1561 die unangefochtene Hauptstadt Spaniens. Damals befand sich das spanische Reich auf dem Höhepunkt seiner Macht. Von Madrid aus bestimmte der König über die Geschicke seiner ausgedehnten Kolonien in Mittel- und Südamerika, Afrika und Asien. Seit dieser Zeit nimmt Madrid eine Sonderstellung in den Beziehungen zwischen Europa und Südamerika ein.

Nach der Kolonialzeit galt die Stadt lange Zeit als langweilig und provinziell. Doch seit den 1980er Jahren sprüht sie wieder vor Leben. Das liegt vor allem an der »Movida Madrileña« (Madrider Bewegung), die bei einer ganzen Generation von Hauptstadtbewohnern die Begeisterung für die Kunst weckte. Von 1939 bis zu seinem Tod 1975 hatte General Franco das Land mit eiserner Hand regiert. Nach dem Ende der Diktatur wünschten sich viele junge Leute einen Neuanfang. Die Madrider sollten ihre Freiheit und Kreativität neu entdecken, die von Francos Staat so lange unterdrückt worden waren. Auch die Frauen, die jahrhundertelang von der Politik und den Regierungsgeschäften ausgeschlossen waren, gewannen bei Wahlen zunehmend an Bedeutung. Heute ist das Verhältnis von Frauen und Männern auf den Wählerlisten fast ausgeglichen. Und Spanisch – oder besser: Kastilisch – ist bis heute eine der wichtigsten Weltsprachen, gleich hinter Mandarin, Englisch und Hindi.

Abends gehen die Madrider gern in eine Tapas-Bar.

Singapur – Ein reicher Stadtstaat

Knapp vier Millionen Einwohner
Gegründet 1829 (Asien)

Singapur ist seit Jahrzehnten eine aufstrebende Stadt. Die Wolkenkratzer an der Küste können sich mit denen von New York oder Tokio messen.

Singapur ist ein Stadtstaat, das heißt, es ist gleichzeitig ein Staat und die Hauptstadt dieses Staats. In der Vergangenheit gab es viele solcher Stadtstaaten, zum Beispiel im antiken Griechenland, bei den Maya in Mittelamerika oder im Italien der frühen Neuzeit. Heute ist Singapur, das kleinste Land Südostasiens, einer der wichtigsten Stadtstaaten der Erde.

Die Stadt ist auf einer Insel erbaut und vom benachbarten Malaysia nur durch eine wenige Kilometer breite Meerenge getrennt. Auf den 600 Quadratkilometern des kleinen Staates drängen sich fast vier Millionen Einwohner. Singapur gleicht daher einem Bienenstock. Aufgrund der beengten Lage sind die Singapurer auf ihre Nachbarn angewiesen. Das Wasser erhalten sie beispielsweise vom nahe gelegenen Malaysia. Diese Abhängigkeit bringt für Singapur auch Probleme mit sich. Wenn man im benachbarten Indonesien die Urwälder in Brand steckt, um Platz für Palmölplantagen zu schaffen, legt sich die riesige Rauchwolke auch über Singapur.

Die Bewohner des Stadtstaates haben, verglichen mit den anderen Ländern Südostasiens, einen sehr hohen Lebensstandard. Singapur, Taiwan, Südkorea und Hongkong bezeichnete man in den Achtzigerjahren auch als »Tigerstaaten«. In diesen asiatischen Ländern entwickelte sich die Wirtschaft besonders schnell.

Singapur gilt heute als Modellstadt. Im Gegensatz zu vielen anderen Großstädten hat sie kein rückständiges ländliches Hinterland und daher auch keine Elendsviertel. Der Stadtstaat verkörpert daher viele positive Seiten einer wirtschaftlich erfolgreichen Großstadt.

Singapur ist eine reiche Stadt mit einem großen Handelshafen.

Montreal – Amerika auf Französisch

Gut dreieinhalb Millionen Einwohner
Stadt in Kanada (Nordamerika), 1642 an der Stelle eines Indianerdorfes gegründet

Montreal ist nach Paris die zweitgrößte französischsprachige Stadt der Welt. Im Winter ist sogar der Hafen zugefroren.

Auf der Landkarte sieht man, dass Montreal nicht weit nördlich von New York liegt. Europa ist von dort aus unendlich weit weg, auf der anderen Seite des Atlantiks. Trotzdem fühlt man sich in Montreal Paris näher als New York, der französischen Kultur enger verbunden als der amerikanischen Lebensart. Die waschechten Montrealer erinnern sich gern ihrer französischen Wurzeln, und bis heute wird in diesem Teil Kanadas französisch gesprochen. Die Seefahrer, die überwiegend aus der Bretagne kamen und sich im 16. bis 17. Jahrhundert in der Region ansiedelten, bauten mit Montreal eine französische Stadt mitten in Amerika auf.

Trotzdem ist Montreal auch vom US-amerikanischen Nachbarn beeinflusst. Die Innenstadt hat verblüffende Ähnlichkeit mit Boston und Chicago auf der anderen Seite der Grenze. Und wie die Amerikaner essen die Montrealer gern in Fast-Food-Restaurants und fahren große und spritdurstige Fahrzeuge.

Im kanadischen Winter wird es recht kalt. In Montreal übt man dann gern Sportarten aus, die zum Wetter passen, zum Beispiel Eishockey oder Curling. Curling wurde im 16. Jahrhundert in Schottland erfunden. Es ähnelt ein wenig dem Boccia- und Boulespiel in Italien und Frankreich. Zwei Mannschaften versuchen, schwere Steine aus Granit auf einer Eisbahn möglichst nahe an den Mittelpunkt eines Zielkreises zu schieben. In Kanada ist Curling ein richtiger Nationalsport.

Curling ist bei allen Kanadiern sehr beliebt.

Berlin – Eine Stadt wächst zusammen

Fast dreieinhalb Millionen Einwohner
Hauptstadt von Deutschland (Europa), gegründet 1244

Die »Love Parade« war eine der bestbesuchten Veranstaltungen in Berlin. Seit dem Mauerfall 1989 hat sich Berlin zu einer Weltstadt gemausert.

Am 9. November 1989 überquerten Tausende jubelnder Berliner die innerdeutsche Grenze. Manche schlugen Stücke aus der Mauer, die fast 30 Jahre lang Ost- und Westberlin getrennt hatte.

Berlin blickt auf eine wechselvolle jüngere Geschichte zurück. Nach dem Ende der Monarchie wurde Berlin 1918 Hauptstadt der Weimarer Republik. Doch die junge Demokratie währte nur kurz, und schon im Jahr 1933 errichteten die Nationalsozialisten unter Adolf Hitler ihr »Drittes Reich«. Millionen von Juden wurden bis 1945 grausam verfolgt und umgebracht, und sechs Jahre lang tobte der Zweite Weltkrieg, den Hitler angezettelt hatte. Nach Kriegsende wurde die Stadt zwischen den vier Siegermächten aufgeteilt: Die Sektoren der USA, Großbritanniens und Frankreichs bildeten den Westteil, der Bereich der Sowjetunion den Ostteil der Stadt. Ostberlin wurde Hauptstadt der Deutschen Demokratischen Republik. Westberlin gehörte zur Bundesrepublik Deutschland. Am schlimmsten für die Berliner war aber der Bau der Berliner Mauer im Jahr 1961 durch die Ostberliner Regierung, der Familien und Freunde auseinanderriss. Nach der Wiedervereinigung wurde Berlin 1991 wieder gesamtdeutsche Hauptstadt. Seither wächst die ehemals geteilte Stadt zusammen, und wie ein Magnet zieht sie Besucher aus aller Welt an, die das bunte Stadttreiben und seine Bewohner aus aller Herren Länder erleben möchten.

Nina Hagen ist eine echte »Berliner Pflanze«.

Rom – Die Ewige Stadt

Fast dreieinhalb Millionen Einwohner (im Ballungsraum)
Hauptstadt von Italien (Europa), der Legende nach 753 v. Chr. gegründet

Die Römer schlendern am Ende eines Arbeitstags gern durch die Straßen ihrer Stadt und lassen sich in einer Eisdiele ein Eis schmecken.

Rom liegt auf sieben Hügeln am Fluss Tiber. Der Sage nach wurde die Stadt am 21. April 753 vor Christus von Romulus gegründet. Romulus und sein Zwillingsbruder Remus sollen Kinder des Kriegsgottes Mars gewesen sein. Sie wurden auf dem Tiber ausgesetzt, von einer Wölfin gesäugt und von einem Hirten aufgezogen. Nach der Stadtgründung wurde Remus von seinem Bruder erschlagen.

Rom wurde über mehrere Jahrhunderte erbaut, vergrößert und verschönert, bis es zum Inbegriff der »Ewigen Stadt« wurde. Vor knapp 2000 Jahren hatte Rom als erste Stadt der Welt eine Million Einwohner. Damals reichte sein Einfluss von Nordengland bis nach Spanien, Ägypten und Asien. Nach dem Untergang des Weströmischen Reiches im Jahr 476 verlor Rom an Bedeutung. Dennoch wollten sich auch danach viele europäische Könige ein »neues Rom« erbauen, das ihre Macht widerspiegelte.

Heute begegnet man in Rom der Geschichte auf Schritt und Tritt. Das Kolosseum, die Thermen, das Pantheon, das Forum Romanum und viele andere Bauwerke erinnern an das Römische Reich. Bauwerke aus der Zeit der Renaissance, wie der Petersdom und die Sixtinische Kapelle, sind Ausdruck von Roms Stellung als Sitz des Papstes. Die Bewohner der italienischen Hauptstadt leben sozusagen in einem Geschichtsbuch, in dem sie jedes Mal, wenn sie durch ihre Stadt schlendern, schmökern können.

Eine Münze in den Trevi-Brunnen zu werfen, bringt Glück.

Brasília – Wie ein Vogel

Fast zweieinhalb Millionen Einwohner
Hauptstadt von Brasilien (Südamerika), gegründet 1960

Die Kathedrale von Brasília (rechts) stellt die Dornenkrone dar, die Jesus aufgesetzt wurde. Im Hintergrund links sieht man die wichtigsten Regierungsgebäude.

Die neue brasilianische Hauptstadt sollte der Zukunft entgegenfliegen und ein ganzes Land, 190 Millionen Brasilianer, mitnehmen. Das Abenteuer begann im Jahr 1956. Damals beschloss Präsident Juscelino Kubitschek, eine neue Stadt im Landesinneren zu gründen, die Rio de Janeiro als Hauptstadt Brasiliens ablösen sollte. Der Präsident gab sich fünf Jahre Zeit, um diesen Plan in die Tat umzusetzen. Und er hielt sein Versprechen: Am 21. April 1960 wurde Brasília gegründet!

Brasília verkörpert den Traum der Brasilianer von einer besseren Zukunft. Der Grundriss der Stadt hat die Form eines Vogels, Sinnbild für den Frieden und den »Flug« der Menschheit in die Zukunft. An der Hauptachse, dem Vogelkörper also, befinden sich die öffentlichen Gebäude und der Kongress mit der Abgeordnetenkammer und dem Senat. Dieses Gebäude ist das höchste von allen. Damit soll ausgedrückt werden, dass das Volk und seine Vertreter wichtiger sind als alle Behörden, Minister oder Richter. Am Kopf des gedachten Vogels liegt ein künstlicher See. In den Flügeln befinden sich die Wohnsiedlungen.

Heute, ein halbes Jahrhundert später, ist Brasília nicht mehr die Erfolgsstadt, die bei ihrer Gründung die ganze Welt begeisterte. Die Entfernungen in der Stadt sind zu groß, die Straßen zu lang und zu breit. Brasília sollte die wirtschaftliche Erschließung des brasilianischen Landesinneren anstoßen. Doch diese Hoffnung erfüllte sich nicht.

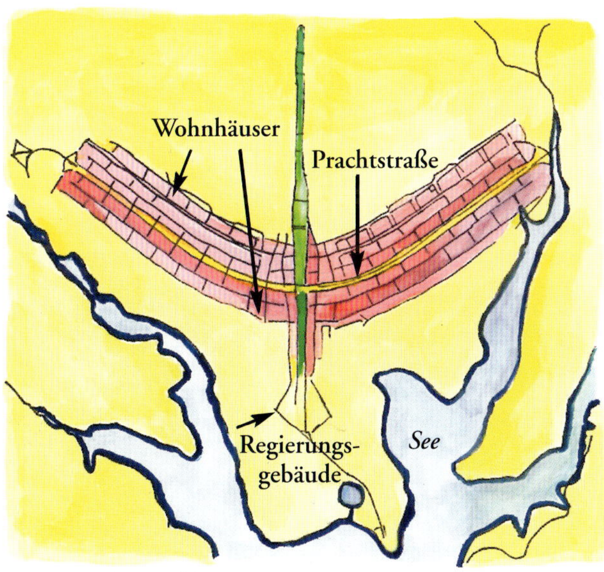

Plan von Brasília

Bildnachweis

Umschlag vorne © Jose Fuste Raga/Corbis
Vorsatz © Atlantide Phototravel/Corbis
S. 14 © Ken Straiton/Corbis
S. 15 © Christian Kober/Robert Harding World Imagery/Corbis
S. 16–17 © Michel Setboun
S. 18–19 © Fred Derwal/Hemis/Corbis
S. 20–21 © Jon Hicks/Corbis
S. 22 © Ricardo Funari/Age Fotostock/Hoa-Qui
S. 23 © Patrick Kovarik/AFP/Getty Images
S. 24–25 © Richard Bryant/Arcaid/Corbis
S. 26–27 © Peter Adams/The Image Bank/Getty-Images
S. 28–29 © Jeremy Horner/Corbis
S. 30–31 © Roland und Sabrina Michaud/Rapho
S. 32–33 © Hires Chip/Gamma
S. 34 © Jon Hicks/Corbis
S. 35 © Joao Carvalho Pina/Kamera/Rapho
S. 36–37 © Jose Fuste Raga/Corbis
S. 38–39 © Antonio Lacerda/EFE/Corbis
S. 40–41 © Yann Layma
S. 42 © Yann Arthus-Bertrand
S. 43 © Richard Vogel/Gamma
S. 44–45 © Nowitz Richard T.
S. 46–47 © San Rostro
S. 48–49 © Yann Layma
S. 50–51 © Marc Vérin
S. 52 © Paul Almasy/Corbis
S. 53 © James Marshall/Corbis
S. 54–55 © Les Stone/Sygma/Corbis
S. 56–57 © David Sutherland/Corbis
S. 58 © Dave Bartruff/Corbis
S. 59 © Greg Smith/Corbis
S. 60–61 © Maurizio Gambarini/dpa/Corbis
S. 62–63 © Tibor Bognár/Corbis
S. 64–65 © Atlantide Phototravel/Corbis
S. 66–67 © Paul Russell/Corbis
S. 68–69 © Philippe Renault/Hemis.fr/Getty-Images
S. 70–71 © Yann Arthus-Bertrand
S. 72–73 © Doug Pearson/JAI/Corbis
S. 74–75 © Jean Erick Pasquier

Bibliografische Information Der Deutschen Nationalbibliothek
Die Deutsche Nationalbibliothek verzeichnet diese Publikation in der Deutschen Nationalbibliografie; detaillierte bibliografische Daten sind im Internet unter http://dnb.d-nb.de abrufbar.

Titel der Originalausgabe: *Les Plus Grandes Villes du Monde racontées aux enfants*
Erschienen bei Éditions de La Martinière SA, Paris 2008

Deutsche Erstausgabe

Ein Unternehmen der La Martinière Groupe

Umschlaggestaltung: Gudrun Bürgin
Satz: satz & repro Grieb, München
Druck: Proost, Turnhout
Printed in Belgium

ISBN 978-3-86873-000-5

www.knesebeck-verlag.de

STO NINO
TWO SISTER